RAPPORT

SUR LA

MORT DES OTAGES

DE LA COMMUNE

Adressé le 3 juin 1871

A M. LE GÉNÉRAL DE LADMIRAULT

Commandant le 1er Corps de l'Armée de Versailles

Par L'Abbé ESCALLE

Aumônier militaire

Chargé du Service religieux du 1er corps.

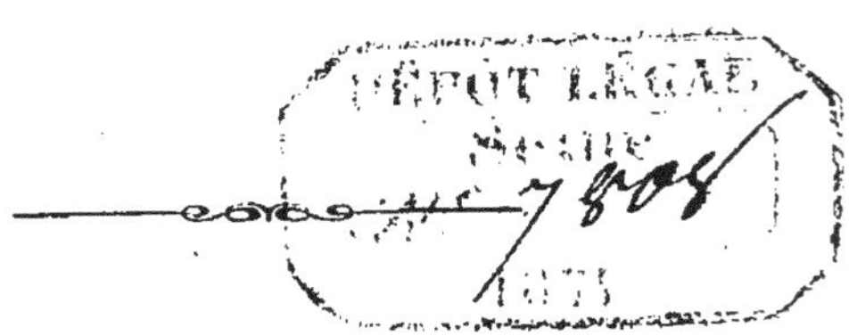

PARIS

IMPRIMERIE ADMINISTRATIVE DE PAUL DUPONT

41, RUE JEAN-JACQUES-ROUSSEAU, 41.

1874

Cédant aux désirs de quelques personnes qui m'ont souvent demandé un récit de la mort des otages, je fais imprimer ce rapport tel que les journaux le publièrent quelques jours après la défaite de l'insurrection. Écrit, je puis le dire, sur les lieux encore humides du sang des malheureux otages, en présence de leurs cadavres et d'après le témoignage de témoins oculaires, je n'essaie ni de le compléter, ni de le rectifier. Les débats auxquels ces crimes ont donné lieu devant les conseils de guerre ont mis en évidence certaines culpabilités, révélé certaines circonstances extérieures, mais ils n'ont, sur les crimes eux-mêmes, ajouté que très-peu de renseignements à ceux mentionnés dans ce rapport.

Les quelques mots que j'ai placés dans la bouche de l'archevêque de Paris résument fidèlement, et quant au sens et quant aux expressions elles-mêmes, les paroles prononcées par l'illustre victime. Elles ont été dites, soit dans le chemin de ronde, soit au pied du mur d'enceinte. Je les ai recueillies en écoutant l'interrogatoire de Virigg et les accablantes dépositions sur lesquelles il fut jugé quelques heures après notre entrée à la Roquette.

Il est certain maintenant que les victimes du massacre du vendredi 26 ne quittèrent la Roquette que deux ou trois heures avant l'assassinat et furent conduites

par le boulevard de Ménilmontant, la rue de Belleville
(alors rue de Paris) et la rue Haxo jusque sur le lieu
du crime. Le temps d'arrêt d'une demi-heure à la Mairie et le rôle odieux joué par Ranvier sont également
certains. Les détails donnés dans le rapport sur l'attitude des victimes dans la rue Haxo et celle de la foule
avant et après l'assassinat viennent de témoins oculaires et sont absolument exacts. Je n'ai pu savoir ce
qui s'est passé dans le fatal enclos de la cité Vincennes :
aucune des victimes n'a survécu, et quant aux témoins,
s'il y eut de simples témoins, ils auraient trop de peine
à se distinguer des coupables pour ne pas rester silencieux.

Il n'est pas probable que nous en sachions jamais
davantage sur ces massacres, épisode terrible entre
tous de la plus terrible des guerres civiles. Peut-
être vaut-il mieux que Dieu, dans sa justice tempérée de miséricorde, prononce seul sur la culpabilité des assassins et le mérite des victimes, et que le
secret de tant de barbarie, d'égarement, de résignation
et de souffrance reste à jamais enseveli dans son sein !
Nonne hœc condita sunt apud me, et signata in thesauris meis? (Deut., 32.)

A. E.

Paris, 31 mai 1874.

RAPPORT

Adressé le 3 juin 1871

A M. LE GÉNÉRAL DE LADMIRAULT

Commandant le 1ᵉʳ corps de l'armée de Versailles

PAR L'ABBÉ ESCALLE

AUMONIER MILITAIRE, CHARGÉ DU SERVICE RELIGIEUX DU 1ᵉʳ CORPS.

Mon Général,

Dans les journées du dimanche 28 et du lundi 29 mai, je me suis occupé, d'après vos ordres, de retrouver les restes des otages mis à mort dans le courant de la semaine et de leur faire donner une sépulture chrétienne. J'ai l'honneur de vous adresser le rapport que vous avez bien voulu me demander à ce sujet, ainsi que les détails que j'ai pu recueillir sur ces odieux assassinats.

Dès les premiers jours de notre entrée dans Paris, je fus informé qu'un certain nombre d'otages, parmi lesquels l'archevêque de Paris, avaient été tranférés de la prison de Mazas dans celle de la Roquette. Tout en remplissant mes devoirs d'aumônier militaire, je désirais me trouver avec les troupes qui opéraient dans cette direction ; j'espérais me rendre utile si quelque démarche pouvait être tentée encore pour la délivrance des prisonniers.

Le samedi 27 mai, à midi, je quittai le 1er corps et vins me mettre à la disposition de l'amiral Bruat, dont la division s'approchait en ce moment de la prison où les otages étaient détenus. Ce n'est que le lendemain dimanche, à quatre heures du matin, que nos soldats s'emparèrent de la Roquette. En y entrant nous acquîmes la douloureuse conviction que monseigneur l'archevêque de Paris, M. le Président Bonjean, M. l'abbé Deguerry et un grand nombre d'autres otages avaient été mis à mort.

Les premiers renseignements que me fournirent les gardiens et d'autres personnes appartenant au personnel administratif de la prison m'apprirent qu'il y avait eu trois massacres d'otages : un premier commis dans la prison elle-même le mercredi 24 mai, vers huit heures et demie du soir, un autre à Belleville le vendredi 26, à une heure que je ne pouvais encore déterminer, un troisième enfin la veille même, samedi 27, à six heures du soir, sous les murs de la prison, dans l'espace ouvert qui sépare *le Dépôt des condamnés* de *la prison des jeunes détenus*.

Ce sont les victimes de ce dernier assassinat que je retrouvais et que je fis exhumer les premières.

Meurtres du samedi 27 mai.

Tandis que nos troupes mettaient en liberté cent soixante neuf otages et écrouaient leurs propres prisonniers, quelques habitants du quartier, attirés par mes vêtements ecclésiastiques, vinrent m'apprendre que plusieurs otages, parmi lesquels devaient se trouver des prêtres, avaient été massacrés la veille au soir, au moment où ils venaient de franchir la porte du *Dépot des condamnés*. Ils me désignaient en même temps, sur l'emplacement où bivouaquaient quelques soldats du génie, le lieu où s'était commis le crime.

Une fouille pratiquée aussitôt, nous fit découvrir, sous quelques centimètres de terre fraîchement remuée, quatre cadavres. Malgré de graves mutilations et de nombreuses meurtrissures, je n'eus aucune peine à reconnatîre le corps de Mgr Surat, protonotaire apostolique et premier vicaire général de l'archevêque de Paris. Un autre cadave était celui de M. Bécourt, curé de Bonne-Nouvelle : les deux autres étaient ceux d'un laïque qu'on a su depuis être employé de la préfecture de la Seine, M. Charles Chaulieu, et d'une autre personne dont nous ne pûmes alors constater l'identité (*).

(*) C'était le R. P. Houillon, des Missions étrangères.

Je fis déposer ces corps dans une salle de la *Maison des jeunes détenus* et je pris les dispositions nécessaires pour que les familles intéressées fussent promptement averties.

Malheureusement, ce n'étaient pas là les seules victimes des misérables qu'avaient à combattre nos soldats. Au dire des habitants du voisinage, les victimes que nous venions d'exhumer avaient été assassinées dans un certain tumulte : six malheureux otages, délivrés par la pitié des gardiens, et voulant fuir une mort certaine, avaient franchi les portes de leur prison. Mais mal déguisés, connaissant peu les lieux, deux seulement étaient parvenus à sauver leur vie (*). Les quatre autres, reconnus après avoir fait à peine quelques pas, étaient immédiatement tombés sous les balles, à la place même où nous venions de retrouver leurs corps. Les meurtres du 24 et du 26 avaient été commis plus froidement et dans des circonstances tellement révoltantes, que les témoignages les plus irréfragables ont pu seuls m'amener à y ajouter foi.

(*) M. l'abbé Bayle, vicaire général, et M. l'abbé Petit, secrétaire général de l'archevêché.

Meurtres du mercredi 24 mai.

Parmi les prisonniers que nos soldats amenaient en grand nombre à la Roquette, il en était un que les gardiens se désignaient avec horreur : c'était un homme en blouse, de taille moyenne, maigre, nerveux, d'une physionomie dure et froide et qui paraissait âgé d'environ trente ans. D'après ce qui se disait autour de lui, cet homme aurait commandé le peloton d'exécution des victimes du 24 et achevé de sa main l'archevêque de Paris. Interrogé minutieusement en ma présence par le commissaire civil attaché à l'armée, accablé par de nombreux témoignages, il fut, en effet, convaincu de ce crime et sommairement passé par les armes. Il s'appelait Virigg, commandait une compagnie dans le 180e bataillon de la garde nationale et se disait né à Spickeren (Moselle).

Voici ce qui s'était passé :

Le mercredi 24, un détachement commandé par ce misérable s'était présenté au *Dépôt des condamnés,* demandant six détenus, qui lui furent livrés, je n'ai point su ni sur quel ordre ni par qui. Ces six détenus furent appelés l'un après l'autre dans l'ordre des cellules qu'ils occupaient. C'étaient : — Cellule n° 1, M. le premier président Bonjean ; — cellule n° 4, M. l'abbé

Deguerry ; — cellule n° 6, le P. Clerc, de la Compagnie de Jésus, ancien lieutenant de vaisseau ; — cellule n° 7, le P. Ducoudray, supérieur de la maison de Sainte-Geneviève ; — cellule n° 12, M. l'abbé Allard, un prêtre dévoué du clergé de Paris, dont on avait admiré le courage et le zèle au service des ambulances, et enfin, cellule n° 27, Mgr l'archevêque de Paris.

Les victimes, en quittant leurs cellules situées au premier étage, descendirent une à une et se rencontrèrent au bas de l'escalier : elles s'embrassèrent et s'entretinrent quelques instants, parmi les injures les plus grossières et les plus révoltantes (*). Deux témoins oculaires me dirent, qu'au moment où ils avaient vu passer le cortége, M. Allard marchait en avant, les mains jointes, dans une attitude de prière ; puis Mgr Darboy, donnant le bras à M. Bonjean, et derrière, le vieillard vénéré que nous connaissions tous, M. Deguerry, soutenu par le P. Ducoudray et le P. Clerc.

Les fédérés, l'arme chargée, accompagnaient en désordre. Parmi eux se trouvaient deux *Vengeurs de la République* ; çà et là des gardiens tenant des falots, car la soirée était avancée :

(*) Les épithètes de *canaille*, de *crapule* étaient celles qui revenaient le plus souvent sur les lèvres de ces misérables et dont ils poursuivirent jusqu'à la fin les illustres victimes. L'un des assassins fut lui-même révolté par ces injures et dit brusquement « *qu'ils n'étaient pas là pour eng... les prêtres, mais pour les fusiller.* » Le père Ducoudray avait ouvert sa soutane sur sa poitrine pour se communier, car plusieurs prêtres portaient sur eux la Sainte Eucharistie. Ces détails paraissent certains.

on marchait entre de hautes murailles, et le ciel couvert de nuages était encore assombri par la fumée des incendies qui brûlaient dans Paris. Le cortége arriva ainsi dans le second chemin extérieur de ronde, sur le lieu choisi pour l'exécution.

On rapporte diversement les paroles qu'aurait prononcées Mgr Darboy. Les témoignages sont unanimes à le représenter disant à ces misérables « qu'ils allaient commettre un odieux « assassinat, — qu'il avait toujours voulu la paix et la conci- « liation, — qu'il avait en vain écrit à Versailles, — qu'il « n'avait jamais été contraire à la vraie liberté; — que, du « reste, il était résigné à mourir, s'en remettant à la volonté de « Dieu et pardonnant à ses bourreaux. »

Ces paroles étaient à peine dites, que le peloton fit indistinc- tement feu sur les victimes placées le long du mur d'enceinte. Ce fut un feu très-irrégulier, qui n'abattit pas tous les otages. Ceux qui n'étaient pas tombés essuyèrent une seconde décharge, après laquelle Mgr Darboy fut encore aperçu debout les mains élevées. C'est alors que le misérable qui présidait à ces assassi- nats s'approcha et tira à bout portant sur l'archevêque. La vé- nérable victime s'affaissa sur elle-même : il était huit heures et vingt minutes du soir.

Les corps des six otages arrivèrent vers trois heures du ma- tin au cimetière du Père-Lachaise et furent enfouis pêle-mêle, sans suaires et sans cercueils, à l'extrémité d'une tranchée ouverte tout à fait à l'angle sud-est du cimetière.

C'est là, qu'après avoir rendu les derniers devoirs aux quatre victimes tuées la veille (samedi soir), je me rendis vers huit heures du matin. Une brigade d'infanterie de marine occupait le cimetière et nous entendions, non loin de nous, la fusillade des troupes du 1er corps s'emparant des hauteurs de Belleville. Je ne pensai pas qu'il fallût surseoir un seul instant à l'exhumation des restes mortels qui gisaient dans la terre, sans sépulture depuis trois jours. L'amiral Bruat partagea cet avis ; et, aidé d'un petit nombre de personnes (1), je pratiquai les fouilles nécessaires. Nous retrouvâmes les corps sous 1m50 de terre, détrempée par les pluies des jours précédents, et je les mis dans les cercueils que j'avais pu me procurer.

Le corps de Monseigneur était revêtu d'une soutane violette toute lacérée. Il était dépouillé de ses insignes ordinaires : ni croix pectorale, ni anneau épiscopal. Son chapeau avait été jeté à côté du corps dans la terre, le gland d'or avait disparu. La tête avait été épargnée par les balles ; plusieurs phalanges des doigts étaient meurtries. Les corps de M. Bonjean, du P. Ducoudray et des autres victimes portaient des traces de traitements odieux. Le premier avait les jambes brisées en plusieurs endroits ; le second avait la partie droite du crâne absolument broyée.

Je fis transporter rue de Sèvres, 35, les corps du P. Ducoudray et du P. Clerc ; on déposa dans la chapelle du cimetière

______

(1) Voir les notes.

ceux de M. Bonjean et de l'abbé Allard ; enfin j'accompagnai moi-même à l'archevêché, sous l'escorte d'une compagnie d'infanterie de marine, ceux de Mgr Darboy et de l'abbé Deguerry.

Ce n'est que le lendemain, lundi 29 mai, que je pus me mettre à la recherche des victimes du 26.

Meurtres du vendredi 26 mai.

Des renseignements recueillis la veille à la Roquette m'avaient appris que, dans la soirée du jeudi 25 mai, quatorze ecclésiastiques et trente-six (2) gardes de Paris avaient été extraits de cette prison et conduits à Belleville, où des bandes de fédérés les auraient fusillés en masse le lendemain. On savait vaguement que l'assassinat avait eu lieu quelque part sur le plateau de Saint-Fargeau.

Quand j'arrivai le lundi matin à Belleville, nos troupes procédaient au désarmement de ce quartier, encore très-agité. Nos propres soldats ne pouvaient me donner aucune information, et

---

(2) Voir les notes.

ce n'est qu'à grand'peine que les habitants, pleins de défiances et de colères, consentaient à parler. Je ne tardai pas cependant à acquérir la conviction que le massacre avait eu lieu rue Haxo, dans un emplacement appelé la cité Vincennes.

Je demandai au colonel de Valette, commandant les volontaires de Seine-et-Oise, quelques officiers de bonne volonté, et nous nous rendîmes sur le théâtre de ce nouvel attentat. MM. Lorras, chef du contentieux de la Compagnie d'Orléans, et le docteur Colombel, tous deux comptant de leurs parents au nombre des victimes, s'étaient joints à nous.

L'entrée de la cité Vincennes est au n° 83 de la rue Haxo : on y pénètre en traversant un petit jardin potager ; vient ensuite une grande cour précédant un corps de logis de peu d'apparence dans lequel les insurgés avaient établi un quartier-général. Au delà et à gauche, se trouve un second enclos qu'on aménageait pour recevoir une salle de bal champêtre, quand la guerre éclata. A quelques mètres en avant d'un des murs de clôture, règne, en effet, jusqu'à hauteur d'appui, un soubassement en briques destiné à recevoir un des treillis qui devaient former la salle de bal. L'espace compris entre ce soubassement et le mur de clôture forme comme une large tranchée de dix à quinze mètres de longueur. Un soupirail carré, donnant sur une cave, s'ouvre au milieu.

C'est dans cette cave que nous trouvâmes entassés en un seul monceau les cadavres de cinquante-deux victimes. Je donnai l'ordre de les retirer, et c'est sur les lieux mêmes et pendant que nous accomplissions ce pieux devoir que je pus recueillir, en contrôlant les uns par les autres plusieurs témoignages, les renseignements qui suivent sur le crime du 26.

Je n'ai pu savoir exactement en quel lieu les prisonniers, en les supposant sortis le 25 de la Roquette, auraient passé la nuit suivante et une partie de la journée du 26 (3). Quoi qu'il en soit, ce jour-là, entre cinq et six heures du soir, les habitants de Belleville les voyaient défiler dans la rue de Paris. Ils étaient précédés de tambours et de clairons marquant bruyamment une marche et entourés de gardes nationaux.

Ces fédérés appartenaient à divers bataillons : les plus nombreux faisaient partie d'un bataillon du XIe arrondissement et d'un bataillon du Ve. On remarquait surtout un grand nombre de bandits appartenant à ce qu'on nommait les *Enfants perdus de Bergeret*, troupe sinistre parmi ces hommes sinistres : c'est elle qui, selon tous les témoignages, a pris la part la plus active à ce qui va se passer.

Ainsi accompagnés, les otages montaient la rue de Paris parmi les huées et les injures de la foule. Quelques malheureuses femmes semblaient en proie à une exaltation extraordinaire et se faisaient remarquer par des insultes plus furieuses et plus acharnées. Un groupe de gardes de Paris marchait en tête des otages, puis venaient des prêtres, puis un second groupe de

---

(3) Voir les notes.

gardes. Arrivé au sommet de la rue de Paris, ce triste cortége sembla hésiter un instant, puis tourna à droite et pénétra dans la rue Haxo.

Cette rue, surtout les terrains vagues qui sont aux abords de la cité Vincennes, était remplie d'une foule manifestant les plus violentes et les plus haineuses passions. Les otages la traversaient avec calme ; quelques-uns, surtout des prêtres, le visage meurtri et sanglant. Victimes et assassins pénétrèrent dans l'enclos.

Un cavalier qui suivait fit caracoler un instant son cheval aux applaudissements de la foule, et entra à son tour en s'écriant : « *Voilà une bonne capture. Fusillez-les.* » Avec lui, et lui serrant les mains, entra un homme jeune encore, élégamment vêtu. Ce misérable, qui paraissait être d'une éducation supérieure à celle de ceux qui l'entouraient, exerçait une certaine autorité sur la foule. Comme le premier, il suivait les otages, et comme lui il excitait la foule en s'écriant : « *Oui, mes amis, courage, fusillez-les !* »

L'enclos était déjà occupé par les états-majors des diverses légions. Les otages et les bandits qui leur faisaient cortége achevèrent de le remplir. Très-peu de personnes, faisant partie de la foule massée aux alentours, purent pénétrer à l'intérieur. En tout cas, aucun témoin ne voulut m'avouer avoir vu ce qui s'était passé dans l'enclos.

Pendant dix minutes à un quart d'heure, on entendit du

dehors des détonations sourdes, mêlées de cris tumultueux. Il paraît certain que les victimes, une fois poussées et parquées dans la tranchée dont j'ai parlé plus haut, furent assassinées en masse à coups de revolver par tous les misérables qui se trouvaient sur les lieux. On n'entendit que très-peu de coups de chassepots. Il y eut à la fin quelques détonations isolées, suivies de quelques instants de silence.

Un homme en blouse et en chapeau gris, portant un fusil en bandoulière, sortit alors du jardin. A sa vue, la foule applaudit avec transport ; de jeunes femmes vinrent lui presser les mains et lui frapper amicalement sur l'épaule : « *Bravo ! bien travaillé, mon ami !* »

Les corps des cinquante-deux victimes furent jetés dans la cave : les prêtres d'abord, puis les gardes de Paris (4).

C'est de là, qu'avec beaucoup de peine et en prenant toutes les précautions qu'exigeait la salubrité publique, nous avons retiré tous les cadavres. Malgré l'état de putréfaction avancée dans lequel nous les avons trouvés, il nous a été possible de reconnaître la plupart des prêtres. De pauvres femmes arrivées dans la soirée, reconnurent les corps de quelques-uns des gendarmes et des gardes : leurs maris.

Nous fîmes transporter le soir à Paris les corps du père

---

(4) Voir les notes.

Olivaint, du père de Bengy, du père Caubert, tous les trois jésuites de la rue de Sèvres ; de M. l'abbé Planchat, directeur d'une maison d'orphelins à Charonne, et de M. Seigneret, jeune séminariste de Saint-Sulpice. Les autres corps ont été mis dans des cercueils et inhumés chrétiennement, soit par les membres de leurs familles, soit par les soins du clergé de Belleville.

En terminant, mon général, permettez-moi d'exprimer ma très-vive reconnaissance pour le concours ému et pieux que m'ont prêté tous les officiers et soldats avec lesquels ces tristes circonstances m'ont mis en relation. Je me permets aussi de signaler à votre attention le dévouement exceptionnel des militaires dont je joins les noms à ce rapport.

Veuillez, mon général, agréer l'hommage de mon profond respect.

Votre très-humble serviteur,

A. ESCALLE,

Aumônier militaire, chargé du service religieux du 1er corps.

Quartier général du 1er corps de l'armée de Versailles, Paris, 3 juin 1871.

NOTES

Note 1, page 12. — M. l'abbé Thévenot, jeune séminariste plein de dévouement et de bravoure, qui accompagnait comme infirmier la division Bruat. M. l'abbé Lacroix, vicaire à Billancourt, qui demanda à se joindre à nous quand nous commencions les fouilles, et quelques soldats d'infanterie de marine.

Note 2, page 13. — J'ai pris ces chiffres sur le carnet du gardien de la prison qui a fait l'appel des otages. En réalité, onze ecclésiastiques, trente-sept gardes de Paris et quatre otages civils ont été massacrés à la Roquette. La circonstance que la plupart des prêtres étaient vêtus en laïques explique l'erreur des gardiens de la prison quant à la qualité des otages. Quant au nombre, je crois que cinquante seulement sont sortis de la Roquette. Il peut se faire que deux malheureux prisonniers aient été adjoints aux otages de la Roquette, soit à la mairie de Belleville, soit au quartier général de la rue Haxo.

Note 3, page 15. — Les dépositions orales des gardiens de la prison de la Roquette me donnaient unanimement cette date du jeudi 25. Elle est maintenue dans une lettre écrite par l'un deux et citée dans le *Figaro* du 2 juin. Les otages délivrés parlent, au contraire, du 26. J'ai sous les yeux le journal de l'un d'eux, d'après lequel il se serait entretenu avec différentes victimes dans la matinée du vendredi. Il ne paraît pas d'ailleurs que les victimes soient sorties de la Roquette en deux groupes séparés. Je n'ai su comment concilier ces versions différentes de ce qui paraît être un même fait.

Note 4, page 17. — Voici les noms de ces cinquante-deux otages.

Ecclésiastiques :

Les pères Olivaint, Caubert, de Bengy, tous trois *de la Compagnie de Jésus*. Les pères Radigue, Tuffier, Rouchouze, Tardieu, *de la Maison de Picpus*. MM. Planchat, Sabatier, Benoit, Seigneret, du clergé de Paris ; le dernier, jeune séminariste de Saint-Sulpice.

Gardes de Paris et gendarmes :

MM. Bermond, Biollan, Breton, Burlotti, Bianchardini, Bodin, Bellamy, Carlotti, Chapuis, Cousin, Colombain, Coudeville, Ducros, Dupré, Doublet, Fischer, Fourès, Geanty, Cavodet, Keller, Mannoni, Marchetti, Marguerite, Marty, Mouillie, Mougenot, Millotte, Poirot, Paul, Pons, Pauly, Pourtot, Riolland, Valder, Vallette, Villemin, Weiss.

Les otages civils étaient :

MM. Deverte, Largillière, Ruault et Greff.

Paris-Imp. PAUL DUPONT, 41 rue Jean-Jacques-Rousseau. 3448 10.74